CB065064

ZUN

Ano
passado

Júlia
de Carvalho
Hansen

Carolina, Luísa,
Armando e Roberto,
obrigada.

Na Festa das Estrelas
se não há encontro de corações
resta o êxtase da chuva a cair.
MATSUO BASHÔ

Temos tão pouca terra,
e demasiado fogo.
ADAM ZAGAJEWSKI

Beauty
the healer, the teacher —
death cannot harm me
more than you have harmed me,
my beloved life.
LOUISE GLÜCK

Que Oyá nos guie
e Ovídio se insinue.

4 de março

Foi ainda durante o verão
que aprendi
existirem incensos
pra espantar mosquitos
que uma cabeça explode
como se a acendessem
e o próprio espírito
pode fugir de nós
como os mosquitos
escapam na combustão.

Não sei por que me distraio tão pouco com o instante que antecede as coisas mas me concentro tanto pelo instante do que ainda não aconteceu.

7 de março

Não há mais cabimento
diz o meu reflexo no vidro
enquanto ainda tento
fixar o olhar lento
entre as montanhas.

Você foi ficando vago
com o passar dos anos.
No entanto, sou firme
eu sou delas – tenho o ventre
encravado na Terra.

Vai que de repente
a gente está chamando de explosão
aquilo que pro vulcão
é o fluxo.

9 de março

Estou terrivelmente longe do mar
no entanto
onda a onda
o meu interior é todo
um ouvido
onde oscilo
apertando um maremoto
entre os cílios.

11 de março

Na minha terra as florestas chovem
o meu pequeno cão teme as tempestades
os trovões lhe dizem coisas
que estouram os tímpanos
parte de mim tem pena
da ingenuidade
do cachorrinho
outra parte pensa que é minha
a ingenuidade de não ter instintos
afinal as tempestades estão cada vez mais severas
quando não chove os incêndios estão em toda parte
nós somos os filhos da transição
os nossos pais e antes ainda os nossos avós
destruíram o tempo e o espaço
assim como nós
os destruímos também.

13 de março

Vejo que nos colocamos como cobaias
pensando ser medusas, *jirayas*
eu fui a mulher maravilha antes de ser um quartzo

confesso que agora estou em dúvida
se sou um estilhaço na bomba de uma guerra
se me dissolvi tanto que a água me lavou até a terra

não sei muito bem como respirar
com estes ombros nítidos
desconfio que seja medo.

14 de março

Se eu fosse um homem teria terminado o poema anterior colocando nele a palavra "Ítaca" ou "Tróia" — e isso definiria o livro que vem pela frente de lados divergentes de um mesmo tronco da história. Agora que sou uma mulher da virada do século xx para o xxi preciso mesmo é grifar isso.

Eu gostaria de ser tão livre
quanto papai costumava dizer
que eu era.

17 de março

Tenho uma coleção de sentimentos incolecionáveis.
Não chegam a formar um álbum de figurinhas
um retrato ou um mosaico
são mais rancores que a língua selou
nuns envelopes amontoados.
Alguns rasgados, outros nunca abertos
meio por falta de rigor
meio por excesso de perrengues
estou cansada de correr atrás de ter tempo.
Misturando alguma ironia
na falta de medida
eu fui crescendo
e os meus sentimentos também.
Parecem mais uns gibis amassados
onde a leitora infantil que eu sou
colou um chiclete displicentemente
largando a revistinha dentro de uma gavetinha
herdada da avó junto da oração
de Maria passa na frente.
Foram se acumulando assim entre bens guardados
os meus sentimentos tão cultivados
expansivos e bem curados
como uma boa erva.
A maconha dissolveu as mais superficiais
articulações do meu rancor.
E depois de fumar essa flor
torcendo pelo futuro
ansiando pelo amor
fui jogar bola com o instinto de sobrevivência
que sou craque em ligar o *tô nem aí*
prêmio narrativa do ano pra *tá tudo bem*.

Então foi no *eu acho que foi sem querer*
onde empilharam os desgastes?
Ah foi na mandíbula.
Travou pelos ombros
também lascou meus joelhos.
Onde os meus sentimentos
se rebelam de mim
fazem palestras, piquetes, panfletos
os meus sentimentos rangem pra lá e pra cá
mas já não me tiram o sono
enquanto se alongam nos sonhos
os meus sentimentos
partem em lascas
os meus próprios dentes
têm sentimentos
como a minha mandíbula
parece estar sempre em TPM
querendo mais e mais chocolate
oh grande suporte de vício que a pandemia me relegou
comes chocolate de madrugada
mas então já não sou pequena
mas desde lá guardo os meus sentimentos
como, por exemplo, o de não gostar de dentista
com os seus perfeitos poderes de conhecerem
o que deve a boca dos outros
é não comer de madrugada
usar a placa, fazer terapia, praticar esportes
enquanto aumento as suas contas bancárias
por ranger os dentes aumentar os buracos das minhas
e não ganho nada escrevendo esses poemas
e, veja, estou há décadas também tratando de dentes.
É, além de rancorosos e ressentidos, pelo visto são revoltados
contra o capitalismo & sobretudo abaixo o fascismo!
Os meus sentimentos estão envelhecendo com açúcar

viciadinhos em relaxantes multidimensionais
os meus sentimentos querem sempre mais.
Alguns achei que já estavam nos *trash files*
ou na zona interditada da *bad vibe*!
Regados a música pop & estresses ao sugo
os meus sentimentos não falam inglês
embora tenham a cor, o tamanho, a temperatura
e a sobrevivência de um *iceberg*.
E esperem todos os dias
por um *I love you*
que vindo ou não vindo
os meus sentimentos dizem
os meus sentimentos
para os meus sentimentos
nem sempre se despedem
e não precisam
estar em casa
quando precisam chorar.

18 de março

Tenho vontade de chamar a esse lugar de a *terra perdida*, *waste land*, *dor de corno, evidências, o ímpeto de quando me formei, alongamento do gato elástico, viajar sozinha, ter um caderno nas mãos e uma necessidade de dizer, experiência, juventude, chocolate. Estrela. Liberdade.*

Depois me lembro como era ter um blogue e assinar na internet muito antes de ter nome e sobrenome e uma foto do perfil. Minibiografia, não, autobiografia: publicidade. Compreendo que é uma das questões da minha vida: tensionar uma questão nas coisas até a liberdade. Das coisas, da tensão, da liberdade.

Poder ter a liberdade da liberdade.
Não ter – nem poder.

Ser livre é às vezes estar confortável
na ideia de não ser ninguém e às vezes
se sentir melhor sendo unicamente a si

os pés plantados no barro
a cabeça como um arco celeste
expandindo e relaxando.

Existe o gesto, a fruta madura
a cura e o soslaio — de resto livre
é quem pisa o próprio caminho

quando o reconhece.

Do I dare
Disturb the universe?
In a minute there is time
For decisions and revisions which a minute will reverse.
T.S. ELIOT

21 de março

Chegou o dia – vou escrever.
Mandando lembranças para LF
que saudades! Meu amigo,
aproveito pra perguntar:
o que você acha das aranhas?
O medo que a gente sente
é delas ou é do medo?

23 de março

Tem calma com a velha vida
a que desaba.
Há uma semana pela frente
mas ainda não é hoje.

Com os últimos dias na montanha
aprendi sobre a água
sobre o som da água
que pode cerzir uma cabeça
quebrada.

31 de março

Uma mistura de cupins e erros
foi o que me trouxe até aqui.
Metade desta constatação é cansaço
a outra metade é a força da realidade.
Os labirintos forçam a amizade comigo
é assim com quem gosta da lábia
da vida que traga e assopra
com a força do furacão pra fora e pra dentro
como que pra me alongar ou entristecer
eu enrolo o queixo no peito
o que me faz sorrir embora desgastada
faço a minha respiração mais profunda
no centro de mim
sinto o cheiro do colo
da minha mãe
da minha avó também
da tataravó que eu não conheci
e de quem herdei a cabeça
se estão em mim
se estão comigo
eu sou como os cupins
eu não estou sozinha.

sexta-feira da paixão

Meus pais me levaram no médico
eu tinha nem 8 anos de idade
sentia apertos repentinos no peito
uma sensação constante de invasão
a intensa exaustão dos clarividentes
a mente laboriosa dos preocupados
por tantas noites retas em claro
ouvindo o grilo, o sapo, o cão
fizeram exames no meu coração
um deles me fez andar tão rápido
eu perdi a respiração
depois de muito procurar
o médico deu um diagnóstico
que a todos pareceu pouco alarmante:
"não é nada, é só angústia na menina".
Desde então a menina sou eu.

Coloquei a minha camiseta da Nasa
pra colher manjericão
a lua cheia no quintal
se pudesse pensar
descansava.

3 de abril

Papai agora é um velhinho.
Geminiano que é
tem me repetido assim:
"o Millôr é que já dizia:
quando eu crescer quero ser
um cisne do Itamaraty".

5 de abril

Já era de noite quando a resposta de LF chegou:
"Não consigo dialogar com as aranhas
(com as lagartixas é mais fácil), mas
admiro-as pela construção das teias,
que me aporrinham quando entro no mato
e elas grudam em mim".

Estou complexa e esvaziada.
Estava desatenta
vi uma tarântula
repentina na varanda.
Senti mais medo da aranha
do que se ele nunca mais voltasse.

12 abril

Eu que já vivi metade da vida
tenho pensado tempo demais
nas escolhas que me trouxeram
até aqui assim evito acreditar
nas minhas novas escolhas.

Enquanto não faço escolhas
as aranhas aparecem
as formigas roubam meu açúcar
olhar a gata dormindo me acalma
mas também me entristece
não ser simples
apenas ter escolhido.

17 de abril

Agora nesse devir muito louco
que alguns chamam de intuição
não sei se por acaso ou algoritmo
descobri uma erva no quintal.

Melissa é bom
contra medo de aranha
dor na pelve, amargor
e separações difíceis.

18 de abril

A gente tem a cabeça tão linear
que até de mudança de ciclo a gente espera
sem perceber esperar uma linearidade. Se espera
que o ciclo que começa só comece depois do outro

terminar e que este ciclo termine antes
de começar outro ciclo que começa
e termina depois do ciclo que
começa a terminar.

O ciclo mistura-se na terra
com a água se faz o barro
são assim as mudanças de ciclo.
Argila. Encosta. Lodo e musgo.

O que a astrologia mais me ensina
é a estudar o tempo. E as pessoas
e as pessoas através do tempo
através dos tempos são os astros.

25 de abril

Que anos difíceis os que passamos.
A única coisa que espero do futuro
é poder falar
deles no passado.

7 de maio

Mesmo desfocado
o começo não enxerga bem
os cílios te protegem do pó
que a manhã abriu na estrada
o sol do outono vai secar todo o verde
o barro do pasto queimando num brilho ocre.
Antes que a secura corra para os teus olhos
tudo bem, você chora – é inevitável
também o verão acabou
com todas as promessas de fertilidade
mas a terra da estrada ficou dourada.

Acredito estar me tornando quem sou
isto é uma redescoberta
finalmente.

Na minha vida
nunca fui compreendida
na minha alegria
nunca lidei bem com os outonos.

12 de maio

Já me interessa menos
quem eu sou
quais são os meus antepassados
da onde eu vim
o meu código genético
ou literário

deve ser do tempo
ficando frio
o peso do incerto
nesses ombros certos
ou foi uma flechada de inveja
o que me travou a omoplata

a minha versão esquerda
às vezes se rebela
do peso com que a direita
lhe encarrega

no entanto eu continuo
amando meus pares de tênis
às vezes sonho com eles
afinal nos meus sonhos estou
sempre andando

enquanto vou caminhando
solidária a outra dimensão
não vou achar isto bom amanhã
mas continuo escrevendo

desejo a todos o seu quinhão
de umeboshi
o seu pote de Nutella
a maçã diária depois
da caminhada

a música certa
pro entusiasmo
adequado

taí
entusiasmo adequado
mais um sinal da idade
era o que eu estava procurando.

27 de maio

Meu pai fez 80 anos dois dias atrás.

Demos uma festa tão especial
era capaz que duas pessoas
que não se viam há 20 anos
se apaixonassem pela primeira vez.

Depois do merengue com goiabada
papai foi com os meus amigos
fumar um Marlboro
escondido da minha mãe.

Quando o tabaco bateu na cabeça
papai disse pra todos – os mais jovens:
"a palavra mais triste da língua é:
poderia ter sido".

A luz mudou
O vento chegou
O sol se mantém
O coração também.

2 de junho

"Voltei a fazer anos."

7 de junho

De vinte anos atrás
tenho uma só memória sua bem gravada.
Você atravessando corredores pra se salvar.
Eu ainda não percebia que você é esperto
como o vento pra se infiltrar assim
nas frestas, nas lembranças.
Você não olhava para ninguém
mas seguia o seu tempo
cheio de olhos
como se fosse ninguém.
Eu já notava: você vive sempre numa missão
a conquista de algo muito difícil.
Outros chamariam de trabalho, horário de reunião,
o café ainda quente, um encontro inadiável,
ter que devolver um livro a alguém. Nomes,
certamente para quem não reconhece a luta
pela conquista da ilha de si. Acho que era
essa espécie de fronteira que te impedia
de parar em qualquer trivialidade
como cumprimentar alguém. E você seguia
como um míssil, o vento defendendo
a própria sensibilidade. Acho que foi isso
o que eu vim buscar contigo.

12 de junho

Dia dos namorados.
Voltei de ônibus pra cidade
ouvindo Marília Mendonça.
Porque preciso aprender a escrever.

Depois de dias na montanha
onde a água é redonda
rola macia pela cabeça
como a cabeça é densa
como pode uma cidade
ter os rios podres
passando por dentro de si
e ainda assim as pessoas sonharem?

Mostrei pro meu pai imagens do Google
"javaporcos" são um cruzamento
entre javalis e porcos que virou praga rural
não tem predadores naturais.
Rindo dos dentões – ele diz:
"são as coisas que o Brasil produz".

Na série de aberrações:
a vida que eu conheço está acabando
mas eu estou mais feliz do que isto.
A escrita é uma distensão do umbigo.
Ou talvez um alongamento. No sol.

Ele havia nos prevenido: "Assim que meu fantasma tiver partido para as costas do céu, vocês não verão mais queixadas na floresta. Ficarão se lamentando de fome de carne!". Mas ninguém pensou em dizer a ele, enquanto estava vivo: "Awei! Quero eu também saber como cuidar dos caminhos dos espíritos queixada para impedir que fujam!". Eu mesmo não disse nada. Na época, ainda era ignorante.

DAVI KOPENAWA

16 de junho

"Você chegou ao seu destino."

Se acreditarmos que o pior nos espera
– o pior já aconteceu.

21 de junho

Já carpi tanto mato pro amor nessa vida
que a compostagem ficou lotada.
O coração não pode, mas pode
não pode o coração
você que pode ainda mais.

Agora já posso reconhecer
o arco pelo tamanho do bicho
a fera pela foice do olhar
não importa a altura da noite
o eco do volume da lua no mar.

Hoje é a noite mais longa do ano
é a altura certa vamos caçar
javaporcos, bisões, mamutes, meu amor,
a gente é mais antigo do que a gente
vamos fazer uma fogueira.

Tenho prestado bastante
atenção aos insetos
é verdade
de uns tempos pra cá eu reajo tensa
perdi a capacidade de observar
a brusca agilidade
com que se movimentam
e desaparecem pelas frestas.

24 de junho

Eu que sei ler órbitas celestes
dizer pra qual lado o olhar do destino paquera
não sei mais o que fazer
enquanto espero por uma mensagem.
Não sei se por insegurança ou delicadeza
volto a observar os insetos
nunca sei pra onde vão
articular os passinhos
se as garrinhas peludas
ferrões com asinhas
vão me travar a respiração
se o impacto vai ser tanto
como a mariposa que deu na lâmpada
quando uma mensagem tua
me estoura de alegria.

Acho que foi isso
o que eu vim buscar contigo.

O meu pai está perdendo a memória.
Justo o meu pai.
Podiam ser os tantos pais dos outros
e muitas vezes são.

28 de junho

Sempre acreditei nos diários
como o melhor gênero dentro da ficção.
Porque quando eles tocam o tempo
o que permanece
são as lacunas
que o absurdo repete.

30 de junho

A grande consolidação do que se perdeu
não reitera nem acresce
é mais como um seixo rolado
rio a rio
ano a ano
da nuca que é a base do crânio
ao sacro que enrola pra dentro
às vezes as estruturas craquelam
as coisas se amoldam
o tempo vai passando
mas não cabe mais em nós
pois o nosso tempo acabou
no entanto o tempo forma sempre
outras coisas forma uma grande concha
um tijolo marítimo uma lança de coral
um varal que eu vou por no sol
ou então deitar sal em cima da sua ferida
até você gritar de verdade
escuta você então a minha dor
é uma receita:
mofo musgo cobertor
pra carne do rancor
eu é que não vou fazer um monumento.

Não sei se acho mais difícil lidar com a presença dele
a que não se extingue, inflada, arrogante
ou com ter acreditado durante tanto tempo
que o melhor estava ao virar da curva.

1 de julho

Coisas que me lembram o inverno
cascas de mexerica
a morte repentina de alguém.

E talvez o silêncio entre nós fosse sobretudo isso:
o tempo sem acreditar que ainda existe.
O amor sendo finalmente só triste.

8 de julho

Revisito pouco as nossas memórias
vou menos como turista
sou especialista
do momento muito simples
no qual a sua doçura nos dilatava
e eu acreditava

               neste momento
o amor tinha a cadência da eternidade
a tua ternura era a verdadeira natureza do mundo
capaz, inclusive, de tomar pelas mãos as abelhas
salvando da extinção também as flores

deixando-as zunir.
Nós também éramos sempre transtornados pela primavera.

9 de julho

Os teus foram afeitos ao motim
e depois de tão embebidos em mel
os marinheiros param de ouvir as sereias
os zangões resolvem se aceitar zangados
voando num enxame contra a abelha rainha

que por ser eu, lançada dentro de um porão
que por ser eu, a predestinada de Plutão
que por ser a rainha, eu
que por ser eu

a déspota da minha única alternativa
porque eu conheço o fogo e o ar
eu incendeio a colmeia e, feito isso,
adeus.

O vento é forte e capaz de levar o fogo adiante.

10 de julho

A tua habilidade charmosa de ser frágil e audacioso plugava na extrema força da minha delicadeza e eu sei que você também soube que nós seríamos para sempre. Mas o para sempre não tem futuro.

11 de julho

Eu antes de tudo isso não sabia
o amor se trata mais de uma estação do ano que passa
ou mesmo de uma armadilha que acabamos por entrar
conscientes de não existir um uniforme de proteção
e, mesmo assim, nos colocamos lá, a salvar as abelhas.

E quanto mais produzíamos o mel espesso
grudando nos pequenos favos do teu encanto
dobras dos muitos olhares das tuas muitas faces
sulcadas pela persistência dos teus antepassados
que pouco te ensinaram sobre os meandros do mel
mas conheciam a intensa estupidez do mar
e a ela souberam fazer frente mesmo que o sal
os tenha rasgado no corpo a quebra das ondas.

Juntos acreditamos: saberíamos fazer
o mel e enfrentar o mar. Nada, esta espuma.

O teu rosto cortado de vento
hoje Portugal
é só um retrato na ilha de Goa.

O para sempre não tem futuro.

3 de agosto

Uma mistura de cupins e erros
foi o que me trouxe até aqui.

9 de agosto

Enterrei um passarinho.
Um sabiá morto no quintal
quando acordei.

Vesti uma luva
não queria tocar
mais uma vez na morte.

Enquanto o suspendia
muito leve, repentinamente
"é a morte que toca em nós".

Eu também queria a morte
surpreendentemente leve
como o corpo do passarinho.

Não foi difícil cavar o buraco
o esforço foi pra nada ver
nas penas do passarinho.

Não fazer um símbolo
da presente mutação nos dias.
Amanhecer assim.

dia zero

Percebi que tinha mesmo pegado covid quando sonhei que voltava pra casa e ela tinha virado um pombal. Isto é, crescida, altíssima no alto de uma palafita que era também um *pole dance*, toda de madeira vermelhinha: era a casa do Dennis – o Pimentinha.

As casas da vizinhança ficavam iguais, em obras, a encosta altíssima e toda concretada, impossível de subir. Só havia pó de cimento e vermelho de terra. Um barulho infernal de fundações sendo aprofundadas. Sobre o meu corpo passava um carro com uma pistola à laser que me metralhava. Abatida. Eu sentia o frio de ter virado uma máquina.

dia 2

Fiquei em dúvida se era uma galáxia
um brônquio ou um neurônio que explodia
conforme era cozinhado um *spaghetti ao sugo*.

Todo o sonho era uma grande cozinha
nos azulejos brancos ia respingando
o vermelho do molho manchando as paredes.

dia 4

Íamos tomar peiote, eu e uma amiga. Ela ria
dizendo que dessa vez a religião não ia lacrar
nada do acontecimento. O peiote em si aparecia
vestindo um poncho azul e me dizia: "Firme!
Firme você não vai se dissolver por aí".
O que era uma ambiguidade
o mundo com tanta sede
eu precisando tanto de água.
Me impressionava o frio noturno do deserto.

dia 9

Acho que meu corpo começou a reagir
depois de assistir muito Seinfeld.
Sonhei com a minha avó
andávamos numa rua noturna que parecia Nova York.
Eu também nunca fui à morte. Chovia
a minha capa não era impermeável.
De repente a Vó começou a saltar da rua
pra cima do sofá de veludo da casa dela.
Aí saltava pra rua e pro sofá de novo.
Ela deixava uma teia pelo caminho
quando reparei nela de costas
a minha avó tinha virado o homem-aranha.

23 de agosto

Não sei se é de viver tantas coisas difíceis
elas vão se emaranhando
numa alma também chamada envergadura
eu preferia que a alma se chamasse escudo
tanta é a força com que enfrento o mundo
mas não sendo
talvez o espírito seja um cavalo correndo
ou as facas com que os meus ancestrais
cortaram o ventre de outros ancestrais.

Os ancestrais usaram o dentro do meu corpo de esconderijo
e agora se aproveitam do meu corpo como um recipiente.

Sou um copo onde os ancestrais bebem
o sangue que escorre das montanhas
também chamado de água mineral.
Água de nascente.

O ancestral gosta do gosto
que está nas formas da terra
as pedras, os búzios, as sementes.
São lições diferentes da espera.

Serei eu enquanto ouço os vivos o quê?
Ouvi dizer que os mortos já sabem
e, lá no fundo, eu sei
nem eles possuem razão.

Mas eu – feita de carne e curiosidade
com os pés ensimesmados pela gravidade
eu estou viva – não sei se consigo aprender.

27 de agosto

Começo a voltar pra casa pelo jardim
as folhas das plantas me observam
como se não.
As costelas-de-adão
chegam a doer de tão fundo
me olham a humanidade nos olhos
me pensam
com seu quinhão de cimento
você acha mesmo
que sabe
sobreviver ao tempo?

2 de setembro

Ontem o médico do papai me disse:
"seu pai irá esquecer antes o seu nome
do que os sonetos de Camões".

Eu sei a resposta agora:
tenho que virar vento.
Que as minhas mãos sejam vento.
Que a minha cabeça sopre vento.
Que os meus pés tracem no vento.
Que eu inspire o vento que me cuida.
Que o vento me trague feito um béque.
Que retorne ao vento sem fazer fumaça
o que eu não sei resolver.

7 de setembro

Como é feia a bandeira brasileira.
Mas, olha, isso é um poema.

10 de setembro

Tento respirar na falta de ar
da cidade em que nasci e existo
no país em que estou e resisto
molho as plantas duas vezes por dia
pensando que se não estivesse tão seco
talvez elas também aprendessem a chorar.
Um pedaço de mim faz a sua parte
regar as plantas, tentar respirar
achar mais fôlego do que tristeza
encarar que o nosso destino chegou
acontecendo em chamas, ondas de calor
fumaça da Amazônia virando pasto
toda uma sorte de alergias e desesperos.
Se alguém pudesse nos salvar do irremediável
da destruição enquanto espécie
seriam elas
as plantas criam o ar
por onde agora flutuam em restos
carbonizadas no céu se desfazendo
em fogo, em cinzas
tanto no meu como no seu
pulmão e planeta.

Esta falta de ar
chamada Brasil.

Agora que parece que estou sempre em transe
meus gestos ficaram todos curtos
presos ao peito.

A doença veio me dizer
o que te faz visionária
não é febre
nem tem nome de amor.

Estou como o xamã abandonado pelos seus próprios sonhos
o rio mineral exausto de ser dejeto do resto
falcão com câimbra no olho.

15 de setembro

Me despeço muitas vezes da vida
a que eu não quero mais.
Mas ela parece se achar vitalícia.

Não sei se o destino entenderia melhor
um bilhetinho ou formulário com X:
o que você quer morrer?

Por favor, na fila do perdão
não suplique, mantenha
o queixo erguido, compaixão.

Mas, atente: nem sempre
bola pra frente
é a melhor opção.

Desliga o *flash* e aceita
a insônia depois virá
o clarão da manhã.

18 de setembro

Eu e o meu coração craquelado
pedimos um carro para o Butantã
a cidade está seca e desesperada
ardendo tenho dor nos maxilares
o que possivelmente não é a melhor
condição pra gravar um podcast.
Desde que resolvi cuidar de mim
com exceção das sextas-feiras
todas as manhãs escuto músicas pra Exu
algumas pessoas me ensinaram
Exu não abandona quem com ele conversa.
Às vezes ainda me debato
comigo mesma disputando
comigo mesma
mas hoje bem cedo fui chamada de sensata
por alguém que eu sei que me ama
não só por isto eu me esforço
a não fazer mais esforço
e tentar curtir.

Preciso de saúde
pra chegar na Muralha da China.

21 de setembro

Quando estou cansada penso em frases
grandiloquentes com palavras difíceis
como a grandiloquência
parece um gigante de um olho só
daqueles que criança a gente teria medo
mas também vontade de abraçar.

Afinal, tadinho, deve ser tão exposto
ser um gigante e ter um olho só
as pernas tão compridas
te deixando sozinho
lá na altura das montanhas.

Sempre esperei dos gigantes
que tenham bibliotecas cheias de enciclopédias
que explicam as palavras difíceis, as cores
das flores, pra onde rumam os amores
e os segredos de como pousar
a cabeça nas nuvens e descansar.

Agora o meu primeiro amante
é a minha imaginação
porque o meu amante de antes
era um buraco que deus cavou
e se enterrou dentro
quando deus estava lá no fundo
com um daqueles capacetes
amarelos e com lanterna
na cabeça
a luz se queimou.

A raiz da metamorfose
está no descanso.

Sim, você, nós dois
Já temos um passado, meu amor
A bossa, a fossa, a nossa grande dor
(...)
A realidade é que
Aprendemos com João
Pra sempre
A ser desafinados, ser

CAETANO VELOSO

1 de outubro

Seremos em breve
todos Ulisses
buscando a Terra
pra regressar.

3 de outubro

Foi difícil acordar num país
que não conheço
e me foi dado
a chamar de meu.

A primavera trouxe a chuva.
Impressionante a chuva.
Faz as coisas começarem a desaparecer.
Faz as coisas começarem a brotar.

4 de outubro

Pudesse a tristeza
não ser transparente
talvez eu parasse
de tentar me explicar
o que aconteceu?

7 de outubro

Depois de anos estudando
o que eu posso ensinar sobre as plantas?
Nada.
Elas olham
a minha solidão
entre uma coisa e a outra
a nossa interação orbita
atraídas pela superfície do magma
também chamada terra.

9 de outubro

Hoje eu olhei por muito tempo
o que pode um ponto-final.

Na manhã da primeira noite
que dormi sem você
os passarinhos cantavam
a luz brilhava mais.

12 de outubro

Sonho que estou dentro de um casulo
encerado, confortável
é de noite e uma gota de orvalho
escorre pela parte de fora
na folha onde eu, o casulo,
me penduro.

Enquanto a gota desliza e a manhã também
abre a sua brisa e um forte bater de asas
eclode de dentro
abro voo
eu sou a borboleta
o antigo seio da seda enredada
solta e azul, enfim.

19 de outubro

O dia que estalou que não éramos pra sempre
foi o mesmo do impacto repentino de uma galáxia
com o interior compacto
do pólen de uma flor.

Você argumentava que as flores não têm paredes
têm caules
e na sua sempre exatidão convicta
me senti estacionada
na parede.

Paredes são o tempo sem flor — eu respondi.
Você não andava nem aí pra lirismos
antes uma chave de fenda
um bote salva-vidas
uma placa tectônica se chocando na outra.

Você não perguntou
se eu sabia quanto tempo levaria
mas eu tinha a resposta: o tempo
dos continentes se afastando.

21 de outubro

Papai me levava pra escola cantando
a depender do seu bom humor

todo mundo vai ao circo
menos eu! menos eu!

everybody knows that our cities
were built to be destroyed

se eu deixar de sofrer
como é que vai ser
pra me acostumar?

Sou uma concha
daquelas roladas
na areia da praia
oscilei pra cá
me arrastei pra lá
fui tragada pra fora
fui arrancada pra dentro
me desgastei até ganhar
essa aparência de ossinho
dente de peixe
machado de siri
lâmina de bem-te-vi
fragmentos do que vou sendo
eu o trechinho de coisas
em que o acontecido esfacelou
o passar dos anos
comigo também
foi afiando a foice.

Razão nenhuma
sustenta as coisas.

23 de outubro

Quem dera todas as metamorfoses
acontecessem no tecido dos casulos
e não na pura divergência do ser

preciso voar
saltar até
reparar
a gravidade
constranger os pés
no chão.

Então a gente faz assim:
levanta o queixo
abre o peito e diz

às vezes com loucura
com fúria
ou mesmo com amor:
vem, destino!

Faz de mim o teu impulso caótico
a tua vítima dolorida
na fibra do dia a dia
mas que fugiu do sequestro
da sina

sim, é ela
é mesmo aquela
a que se rebela
e sorri.

27 de outubro

Às vezes me parece inacreditável
ter me apaixonado em pleno fim do mundo
me vejo pedindo na padaria a vitamina
que você me ensinou que existe.
Se não bastasse o copão de frutas
vem um canudinho tipo enroladinho
em listras vermelhas e brancas
que eu sugo
enquanto penso se haveria uma regra
uma ordem de listar cores em um verso
assim como num mapa se fala primeiro
do planeta mais rápido
aplicando um aspecto ao mais lento
enfim Mercúrio quadra Júpiter
Júpiter vai fazer um trígono com Saturno
e Plutão avançou de vez
como se nada fosse
de repente me sinto feliz
com a explosão de sabores
um inextinguível azedo
sobre um montante doce
como a vida às vezes se torna
um mamão
que parece um milk-shake?

Mais uma dessas coisas que eu te pergunto
como só se perguntam os apaixonados
estamos bem no meio do inverno
mas tenho vontade de comer frutas
como se fosse Carnaval.

É sexta-feira e por isso
estou tentando me lembrar
que eu sou livre.

Eu quero mais do que ser: sim, viver!
Nos trópicos e saber que é hoje!
São Paulo vai bater uns 40 graus
domingo a máxima é 13
e a esquerda segue apertada.
Mas mais do que viver: gosto de ser
dos trópicos e saber
que acerola tem mais
vitamina C do que laranja.

Assim como os teus olhos
são verdes
sempre que te pergunto a cor
não porque eu não saiba ver
a distinção entre o castanho e o mel
mas por que me sorriem
tanto?

Justo pra mim
que andava desconfiada
da alegria

você atrasa
o fim do mundo
mas o mundo não pode

esperar
amanhã é sábado
vai ter ventania.

31 de outubro

O Heidegger foi apaixonado
pela Hannah Arendt.
A história nunca é dita assim.
Foi sempre a Hannah Arendt
quem foi apaixonada pelo Heidegger.

Tornam quem se apaixona
a submetida – quando em verdade
é ampla, corajosa, afirmativa.
Viva aquela que vive a vida.

Enquanto já apodreceram, covardes
os que não se entregam
os que se acham no controle
da história do pensamento do coração.

A história do pequeno coração dos homens.

8 de novembro

Quando você me telefonou eu não podia
atender porque eu estava ouvindo
música de macumba.

Nunca antes um homem fugiu de mim
de forma tão charmosa, mas eu tenho pensado
em análise porque me atrai bancar a caçadora.

No fundo é pra mirar no mesmo arco
que o poema inclina na cervical
ir assim soprando na seta.

Atirada na direção
de onde você está a fera sou eu
quem me alongo nessa língua que desliza.

sexta-feira

O que será que você está fazendo
com o meu desejo de saber de você?

terça-feira

Despe-te das línguas ao se aproximar de mim.
Primeiro das antigas, depois das modernas.
Veja, não mais te peço a paciência da sintaxe
que eu, também sei, levou séculos até ficar
assim – pra não tardar em se perder.
Olha, bem aqui onde estamos
sobre essas conchas
antes de agora existiu o mar.
Elas também estão em pedaços, são tão miudinhas.
Você mesmo me exercita a sintaxe da paciência
que é uma espécie de cânone elástico
em que o tempo se dilata e se entrega
como um grão cai e vai repousando.
Não sei. Tudo isso me excita.
Vem, essa água também um dia vai secar
faz de conta comigo que eu sou uma concha.

quinta-feira

O dia seguinte de te ver enfim é feito.
Parece que a gente tomou cogumelo na floresta.
A órbita do mundo girou, eu girei
com os olhos fixos em você e na cadência do mundo
eu me deitei, eu descansei – eu enfim sonhei.
Um resto de folhas pousou na minha cabeça
e agora quando penteio as fibras do meu cabelo
os fios são vegetais em um processo de compostagem
acontecendo na luz que antecede a minha cabeça.
Puxo uma das folhas, olho detidamente para ela.
É sempre assim: finalmente entendo alguma coisa.
Isto quer dizer: estamos virando adubo!
Que tempos! Adubos num poema de amor!

15 de novembro

Sempre é tempo de ler Freud
constato com uma amiga no *WhatsApp*
mas não sabemos se esse é o melhor
caminho para redescobrir o prazer.

Um vinho quem sabe outro status bancário
uma alma nova e disposta a acreditar
ou o grande movimento de escutar
o vento soprando nas folhas.

Eu tenho um gato budista
uma gata portuguesa
outro gato *serial killer*
hoje Saturno deixa a retrogradação.

Ouvi dizer que é feriado lá fora
minha outra gata é quem mais gosta de viver
e o meu cachorro com nome de poeta russo
passa o tempo olhando os bichos em mim.

Este ano conheci Pequim e Nova York
com uma diferença de dois meses
o que também acho que foi o hiato máximo
entre os nem sei quantos antibióticos.

Eu estive me arrastando tanto
do passado até aqui
que quando eu chegar do lado de lá
quando acabar isto daqui
nem sei eu

quem sou
onde estarei
quem eu fui
o que resta do planeta

penso em respostas pra uma discussão virtual
mas logo depois eu paro e penso em sexo
que se é pra imaginar coisas
melhor serem das boas.

23 de novembro

O algoritmo pôs pra tocar
aquele menino que a gente gosta
eu tenho vontade de te contar
esses lances de um acaso calculado
como as coisas também acontecem nos céus
estamos atravessando a encruzilhada
que nos separou em outra vida
talvez tenha sido uma cordilheira
ou quando Moisés abriu o mar em dois
um pouco como você faz quando mexe
no que é líquido no meu corpo.
Mas eu não sei se quero que você escute
a minha interpretação dos astros
afinal já aprendi
que não se brinca com Plutão
com o mesmo corpo que nesta encarnação
quer continuar junto de você
embora a retrogradação de Mercúrio
Júpiter agindo sempre como um deus
ou mesmo o teu ir pra trás
mesmo com toda a minha prudência
estamos juntos, o fim de ano chegou
e olha que era Carnaval quando você me disse:
"eu adoro o jeito que você se mexe
quando eu estou dentro de você".

26 de novembro

Não para de chover tá fazendo um tempo
de sapo sueco e eu aproveito pra cozinhar
uma sobremesa que me lembra outro lugar.

Descobri que as formigas são capazes
de mentir quando as encontrei imóveis
dormindo dentro do *crumble* de maçã

se soterraram de propósito! Imagina
paradinhas no açúcar com manteiga
fingindo pra mim que não estão nem aí.

Os tico-ticos já me reconhecem saltando
pra dentro do batente da cozinha
como que perguntando cadê o pão

ah a minha nossa senhora da migalha
que não vem, ficam alvoroçados.
A nossa senhora da migalha sou eu.

29 de novembro

Um poema pede
um pouco de gingado
embora possa
curtir bem um ringue
responde melhor ao suingue
do que às marchas
fúnebres ou militares.

Há quem diga que cresce
melhor nas áreas de sombra
úmidas como o musgo
na pedra.

Há quem peça a Deus.
Há quem rogue as pragas.
Há quem entre você e eu?

Também há quem o cultive
como se joga a um cão
a sua bolinha
até o poema deixar
adestrado o adestrador.

Tem gente que se abre no poema
como alguém que se mostra na janela
enquanto os *voyeurs* também
dão em poetas – se amontoando
aos montes reclinados
dentro das estantes.

Já ouvi por aí que pra escrever
é melhor estar triste ou revoltado
pelo menos nisso o país pode ajudar
um poema sai bem com você
angustiado ou mesmo corno
o que se tornou um conceito em desuso
mas pode ainda render uns bons versos.
Já fazer um bom poema deprimido
só os raramente bons são mesmo capazes.

Tem quem naturalize isso
quem desconstrua aquilo
discorde que existam
bons e maus
poemas e pessoas
pensar em termos assim
vontades de grandeza, narcisismo,
querendo questionar no pressuposto
o paradigma de fundo do raciocínio
também chamado *etcetera* e *etcetera*.

No fundo, estão todos cansados
os chineses gostam de agudos
os franceses de psicanálise
e os brasileiros, na sua maioria,
acreditam em Jesus Cristo
e os poetas nem sempre
sabem muito bem
o que fazer com isto.

Eu mesma já pensei que um poema
é um pássaro, um rio, um astro
um rito, um cavalo
uma vontade de transar

a possibilidade enfim
de me esquecer
me pondo a lembrar.
Um barqueiro.

Acabou de acabar o ritual de ayahuasca.
Estou no escuro, escrevendo.
Não consigo ver as minhas mãos
muito menos as minhas palavras
rabiscando algum arco, parábola
entre escrever, estar no escuro
não conseguir ver as próprias mãos
não estar mais em transe.
Agora que eu já sofri demais
reparo em tudo que não sei.
Não sei se estou escrevendo por cima
acho que não havia nada antes
escrito nessa página
ou já não estou tão certa
de não ser alguém de rasuras
mas isso também
agora já passou.

Nada simples viver uma vida
aterrar tantos princípios
entre o DMT e o capitalismo
eu fico com o espírito material
de cada coisa
eu prefiro os figos
beija-flores
homens antigos
sempre garotos imaturos
precisando de silêncio
longos intervalos
pra se recomporem
do que sentem medo
e quem nisso tudo
invariavelmente
acaba sempre chegando
é dezembro.

4 de dezembro

Mais do que fazer – viver como as plantas
florir apesar de tudo do concreto só dar brechas
brotar a cada ramo um mesmo outro beabá
ser quase verão e espalhar por aí
mudas de baobás vindas de Moçambique.
Viver com o orixá em si.

9 de dezembro

Ter a memória clara
de um outro tempo
que não foi vivido

carregá-lo enquanto
o meu próprio destino
é capaz de me distrair

até um dia
a memória e o destino
deixarem tudo em aberto.

12 de dezembro

As coisas se estabelecem para o sol
como um ser
levantada também
será a minha cabeça

enquanto me envergo
de haste de flor não posso
me chamar
coqueiro bravo, talvez

na ventania sou eu
o rasgo que risco no ar
o som – eu sou – o corte

o breu pode me cobrir
a noite pode tombar
eu estarei bem aqui

a enxurrada não me leva
tenho as raízes na terra
e olho meus companheiros.

A nossa senhora da migalha sou eu.

13 de dezembro

A médica chinesa me disse:
"vamos cuidar de melhorar as emoções".

Oyá gritou no meu ouvido e depois falou:
"filha minha!... te alinha!".

A psicanalista determinou:
"só acaba quando você coloca o ponto-final".

15 de dezembro

É certo – dezembro. Chegamos
às conclusões.
Reviso o meu livro.

Minha mãe faz aniversário.
Não temo mais o futuro porque
eu o sou hoje.

Any day now

BOB DYLAN

Sou exagerada
me desculpe
mas as pessoas que me amam
é também por isso
se você não for capaz
do arroubo eufórico
de me levar num sim
posso me acertar
estudar os passos zen
traçar o caminho do meio
meditar até os ossos
posso respirar
ficar sentadinha
estudando a temperança
até descobrir em mim
a astúcia de Ulisses
então enfim
ah eu vou me estabilizar
feito um colibri no ar
abrindo amplamente as asas
eu vou voar.

24 de dezembro

Noite de Natal.
Papai fuma comigo
até se esquecer que esquece
espirra muito depois conta
uma longa história sobre a sua tia Rosa
e que teve um papagaio que também
chamava assim, gargalha lembrando:
"Rosa quer café, como é que é?".
Enfim me repete com um sorriso profundo:
"às vezes deus deixa de existir...
e é tão bom".

O ano está acabando
me esforço por não fazer
verdadeiramente nada.

30 de dezembro

Nunca pensei
que Adília Lopes
fosse capaz
de morrer.

31 de dezembro

"Então manda meu abraço
de feliz Ano-Novo
do outro lado do mistério."

"Papai, o que isso quer dizer?"

"É Brás Cubas. E o Machado é tão capeta
que na boca do defunto autor
ficamos sem saber se o mistério
é a morte ou é a vida."

1 de janeiro

As montanhas se moveram de madrugada
deu pra ouvir as nuvens estalando
quando o tempo é o da água
abrindo e curvando pela terra
eu via uma grande via
a transitoriedade
e nela eu ia à vela
como se já estivesse
vivendo no meu futuro
o depois das montanhas se abrirem.
As correntezas, as tempestades – somos delas
porque é delas – o futuro.

*

"Que a alegria de hoje
seja matéria-prima
da luta de amanhã
e de todos os dias que virão."

3 de janeiro

A noite de Ano-Novo
foi particularmente difícil pra mim
sentindo o despertencimento violento
latente com a situação de toda a vida
aparentemente as outras pessoas
denotando uma firmeza
com os pés na terra
uma esperança com a montanha
a sua fixidez, a capacidade de manutenção
enquanto eu via
se alinhando no caminho em frente
a grande transitoriedade
no topo da minha cabeça
como se eu já estivesse mesmo
no meu futuro.

5 de janeiro

Deve ser do espaço aberto do ano novo.
Eu me lembro de quando era criança
às vezes meu pai se levantava
dos textos que escrevia
e dizia que tinha fome, fazia um café, cortava
uma bunda de pão francês e carregando ela na boca
e o café na xícara na mão voltava pra frente
da máquina que depois virou um computador.

12 de janeiro

TUDO SEMPRE POR VIVER

— E como viver comove
eu me transformo em tudo
(e através) do que me move.

Que a beleza sobreviva
todos os dias
só acontece
sem esforço.

Raramente penso em ti
assim começa um poema
da Anna Akhmátova.

A poeta atua no tempo desconhecido
criando um feitiço pra um inevitável
segundo encontro contigo.

Anos atrás eu o lia
interruptamente
quando pensava ter te perdido
encantava desejos pro futuro
do nosso reencontro.

O tempo levou
o tempo trouxe.
O tempo refez
o tempo destruiu.

Como um dente-de-leão
ao sol
estou novamente entregue.

Os poemas têm essa capacidade
de fazer o contigo e também o você
migrarem.

Você já não é o contigo que eu imagino
quando leio uns versos que fazem
o coração pensar.

18 de janeiro

Usar depois de anos uma máquina de escrever
com o intuito de escrever.
Um tópico interessante seria:
como ser livre?
Mas o que pode um verso diante da liberdade?
Além de comer uma maçã com batom
e rir do vermelho marcando a polpa porosa
do fruto. Talvez seja para isto, no fundo,
que servem os poemas.
Para se dizer em paz
"a polpa porosa"
e só os algoritmos sabem
quantos sambas eu tenho ouvido
para deixar o passado passar
mudar de casa
terminar este livro.

22 de janeiro

Peguei de ter brotoejas de calor
desde que estive em Pequim
imagino destinos muito difíceis
nenhum começou assim.

24 de janeiro

Sonho com um lugar que já não existe para eu escrever
neste lugar ninguém me lê ou se importa com a minha opinião
meu caráter também — lá ele não está em avaliação
neste lugar eu tenho sempre 23 anos e estou escrevendo
algumas coisas que reconheço cheias de erros
e os erros ainda me comovem pela sua beleza
lá os erros ainda me dão coragem
não vieram de ontem, do outro século
nem os meus antepassados
acreditam em ouro
em coroas de louros
mas se nutrem
com música
vestem âmbar
como amuletos
gostam dos cavalos.

30 de janeiro

Começo o ano pensando num novo poema:

UMA COSTELA-DE-ADÃO VÊ OS HOMENS

Tão rígidos nas envergaduras não conservam
o teor dos impulsos nem sabem subir da terra.

Eu morava numa vila que parecia algum lugar de Mata Atlântica entrando pra dentro da Mantiqueira – algum lugar da minha região, mas mais interno, ainda mais vivo. Andava pela vila desse lugar tendo a impressão de que um cavalo branco estava me seguindo. Não dizia pra ninguém isso – afinal o que pode sinalizar uma consciência deixando de estar sã ao imaginar um cavalo a perseguindo?

Depois estou tomando sol num deck em frente a uma casa. As madeiras são escuras. O céu azulzíssimo, estourando a vida em superlativos. Quando estou finalmente relaxada pela confiança do espaço aberto dizendo que *sim vida, sim simples*, vejo no topo da montanha atrás da casa o cavalo. Altíssimo, me olhando. Nesta hora entendo que é uma égua branca e que ela acha que eu aprisionei o seu filho.

Um tanto como Pégaso num salto que parecia um voo a égua de repente se lança do alto da montanha na minha direção. Quando cai por trás da casa, o cavalo branco desaparece por uns segundos, até que toma impulso e surge, com seu peitoral imenso, lindíssimo. A corajosa égua dá uma patada na corrente com um pingente de pérola que levo junto do pescoço.

Isso sem me causar um risco, o coice da égua passa de raspão na minha pele, mas atinge em cheio a prata e arrebenta o colar, que se perde em meio às plantas ao redor de onde estamos. Compreendo que na pérola branca como um dente de leite havia desenhado um pingente de cavalo e que a égua pensou que fosse o seu filho. Me sinto um pouco triste de não ser compreendida no cerne das coisas, mas extremamente libertada de alguma coisa que nem eu sabia que estava carregando e já era a hora de perder, de deixar cair. Olhando a grama muito verde, sem sinal que ressalte a pérola no meio do mato – eu acordei.

2 de fevereiro

Não vou te perguntar
por onde você esteve
a alegria de te reencontrar
é maior.

Não vou te prender
por entre os dedos
a satisfação do deslize
é melhor.

Se você sabe quem eu sou pra você
é como reconhecer
é a partir de agora
o amor.

8 de fevereiro

Passei a tarde revisando o meu novo livro de poemas
tentando encaixar o Bob Dylan em algum lugar
enquanto imaginava alguém me dizendo
que o Bob Dylan é um personagem de quase todos
os meus livros então percebi estar sozinha
com as minhas fantasias e os meus contemporâneos
percebi que falava sobre os elementos
as catástrofes e as gêneses
a apoteose do sujeito em desaparecimento
isto enquanto o meu eu lá no fundo
na encruzilhada com a redenção
encarquilhado e digno até o osso
rebola, tosse e faz a curva
onde a redenção cruza com a raiva
meio bossa nova e rock and roll.

14 de fevereiro

Será que um dia os homens da lei
vão saber dançar a matemática do cosmos?
Haverá o dia em que a norma
dará num riacho
mais que nisso num cacho de bananeira
ou num núcleo de vácuo?
Pode existir o quando inesquecível das borboletas?
As florestas continuarem
a trocar ar conosco? Quem se não eu,
a cogitar?
Não sei se vejo o destino
ou se sou o seu espelho.
E às vezes encosto o ouvido na fronteira
do lugar onde se escuta o silêncio de deus
alguém reconhece a sua voz
e também não sabe se está louco
ou se é um fantasma
lúcido, livre ou morto.
Ou talvez apaixonado?

O meu nome como
um segredo surge
pela tua boca.

Tudo que floresce
em mim tem
o teu nome.

19 de fevereiro

Lembra? Eu te disse
você é esperto como o vento
pra se infiltrar assim
nas coisas de que me lembro.
Mas a verdade mesmo
você ainda não sabe
o vento sou eu.

26 de fevereiro

Não sei se estou confusa ou se é só estonteante
estar assim meio que subindo pelas paredes
agora tudo me lembra que eu quero mais.
Começou comigo sentindo a gente meio juntos
tomando um chá de capim limão
quando aconteceu a magia da multiplicação
dos pedaços da torta de chocolate
que eram pra ser dois
e embora só tivessem um pra servir
você conseguiu que comêssemos três.
Não sei se não foi do cogumelo que tomei sozinha
mas foi como se estivesse
com você de repente do meu lado
em quase todo poema que eu abria pra ler
rolavam até umas metamorfoses
o profundo ia ficando leve
o coração acordado
porque no limite é sempre a mesma palavra
que de tanto uso se gasta e quase que se perde
mas com que intimidade
você toca no relevo do cerne
a palavra renasce quando você a ressalta.
Então teve um dia que uma interrogação bem colocada
foi o que me lembrou de você – agora, imagina!?
Se todos os sinais gráficos começarem a me lembrar de você?
Eu vou ficar muito desesperada quando aparecer
uma flecha na encruzilhada
ou será uma rua sem saída
o que pode acabar com o meu coração?
E olha que eu sou forte
lutei contra a extinção dos lobos guará

aos 9 anos de idade eu já reciclava o meu lixo na escola
provavelmente se eu tinha essa consciência toda
eu já lembrava de você
quando salvava os gatinhos
as formigas e as abelhas, claro!
Sempre me preocuparam a atenção
mas agora até mesmo as rãs!
Só porque você me disse que gostava
de um modo meio ambíguo
que eu ainda não sei
se você estava falando
de culinária francesa ou de comédia grega
acho *sexy* como provavelmente as duas coisas
e também que você, ainda bem,
saberia admirar uns girinos crescidos.
Lá no fundo nem eu me entendo
eu inclusive vou ficando cansada
foi demais quando ainda era madrugada
e o grito das maritacas me acordou
peguei no telefone pra te contar mais isso
mas percebi que era muito cedo
então o *WhatsApp* acendeu a tela
eu pensei que susto será você!
Mas claro que não era não.
Era Carnaval e eu acabei saindo com uns amigos
que também me fizeram lembrar de você
porque fumando um que eu dei
eles começaram a discutir
se num caso de dilúvio
"você salvaria o Tom Zé ou o João Bosco?".
Ah, eu sei.
Você me perguntaria: "eles? ou a discografia?".

2 de março

Quando a gente se encanta uma pessoa
pela outra a gente se encanta pela pessoa
e por uma semântica que vai sendo criada
em comum uma língua ou uma hélice
helicoidal bem úmida uma coisa meio
mágica meio DNA que fica girando
em torno de você e da outra pessoa
e que as palavras (por serem nossas,
da espécie) contornam e dão contorno
como um bambolê invisível e sútil
as palavras rodopiam vêm pela cintura
dando uns arrepios no baixo da lombar
a gente se encanta pela mágica vocabular.
Aí passa muito tempo – e depois de muito tempo
às vezes a mágica virou uma semente
às vezes um rito de passagem – um rio
uma enumeração sem precedentes
a porta batendo a estrada chamando
o medo do depois ou a revolução
chamada também de amor.

3 de março

Ainda assim no que me lembro
tem um espaço que me aquece
onde está
quem fala com a voz
sempre com ritmo.

(dois dias atrás)

Pensei em medicinas, terapias e meditações
mas foi um poema que me mostrou
a cirúrgica maneira de desinstalar
a ansiedade girando há anos
na precária sistematização do medo.

Primeiro observa-se a raiz da respiração
e cada palavra fica compreendida no corpo.
De quando em quando é preciso voltar atrás
repetir e se repetir outra vez
observando a flutuação do sentido.

Amar um poema é amar o provisório
como quem ama a lua, as suas fases
inclinações, os seus sorrisos
e o ritmo – sobretudo o marítimo.

Por vezes não entender nada.
E tudo ficar bem. Bonito assim.
No presente de cada palavra
o tamanho apropriado do tempo.

Quando criança na hora de deitar
depois de um longo dia de verão no mar
o corpo ainda chacoalhava as ondas
atravessadas na memória dos músculos.
O fogo fez o mesmo comigo ontem.
Me colocou a olhá-lo e a alimentá-lo
entre a hipnose e o virar cinzas
toda hipótese é um holograma desmontado
na carne de dentro das pálpebras
enxergo ainda o arder das labaredas
como se me tivessem marcado por dentro
o calor me retorna a quem eu sou
aquela que sabe confiar na oscilação do sim.

Índice de poemas

9   Foi ainda durante o verão / 4 de março
10   Não sei por que me distraio tão pouco
11   Não há mais cabimento / 7 de março
12   Vai que de repente
13   Estou terrivelmente longe do mar / 9 de março
14   Na minha terra as florestas chovem / 11 de março
15   Vejo que nos colocamos como cobaias / 13 de março
16   Se eu fosse um homem teria terminado / 14 de março
17   Eu gostaria de ser tão livre
18   Tenho uma coleção de sentimentos incolecionáveis / 17 de março
21   Tenho vontade de chamar a esse lugar de *a terra perdida* / 18 de março
22   Ser livre é às vezes estar confortável

25   Chegou o dia – vou escrever / 21 de março
26   Tem calma com a velha vida / 23 de março
27   Uma mistura de cupins e erros / 31 de março
28   Meus pais me levaram no médico / sexta-feira da paixão
29   Coloquei a minha camiseta da Nasa
30   Papai agora é um velhinho / 3 de abril
31   Já era de noite quando a resposta de LF chegou / 5 de abril
32   Estou complexa e esvaziada
33   Eu que já vivi metade da vida / 12 de abril
34   Agora nesse devir muito louco / 17 de abril
35   A gente tem a cabeça tão linear / 18 de abril
36   Que anos difíceis os que passamos / 25 de abril
37   Mesmo desfocado / 7 de maio
38   Acredito estar me tornando quem sou
39   Na minha vida
40   Já me interessa menos / 12 de maio
42   Meu pai fez 80 anos dois dias atrás / 27 de maio
43   A luz mudou

44	"Voltei a fazer anos." / 2 de junho	
45	De vinte anos atrás / 7 de junho	
46	Dia dos namorados / 12 de junho	
49	"Você chegou ao seu destino." / 16 de junho	
50	Se acreditarmos que o pior nos espera	
51	Já carpi tanto mato pro amor nessa vida / 21 de junho	
52	Tenho prestado bastante	
53	Eu que sei ler órbitas celestes / 24 de junho	
54	Acho que foi isso	
55	O meu pai está perdendo a memória	
56	Sempre acreditei nos diários / 28 de junho	
57	A grande consolidação do que se perdeu / 30 de junho	
58	Não sei se acho mais difícil lidar com a presença dele	
59	Coisas que me lembram o inverno / 1 de julho	
60	E talvez o silêncio entre nós fosse sobretudo isso	
61	Revisito pouco as nossas memórias / 8 de julho	
62	Os teus foram afeitos ao motim / 9 de julho	
63	A tua habilidade charmosa de ser frágil / 10 de julho	
64	Eu antes de tudo isso não sabia / 11 de julho	
65	O teu rosto cortado de vento	
66	O para sempre não tem futuro	
67	Uma mistura de cupins e erros / 3 de agosto	
68	Enterrei um passarinho / 9 de agosto	
69	Percebi que tinha mesmo pegado covid quando sonhei / dia zero	
70	Fiquei em dúvida se era uma galáxia / dia 2	
71	Íamos tomar peiote, eu e uma amiga. Ela ria / dia 4	
72	Acho que meu corpo começou a reagir / dia 9	
73	Não sei se é de viver tantas coisas difíceis / 23 de agosto	
74	Começo a voltar pra casa pelo jardim / 27 de agosto	
75	Ontem o médico do papai me disse / 2 de setembro	
76	Eu sei a resposta agora	
77	Como é feia a bandeira brasileira / 7 de setembro	
78	Tento respirar na falta de ar / 10 de setembro	
79	Esta falta de ar	

80	Agora que parece que estou sempre em transe
81	Me despeço muitas vezes da vida / 15 de setembro
82	Eu e o meu coração craquelado / 18 de setembro
83	Preciso de saúde
84	Quando estou cansada penso em frases / 21 de setembro
85	Agora o meu primeiro amante
86	A raiz da metamorfose
89	Seremos em breve / 1 de outubro
90	Foi difícil acordar num país / 3 de outubro
91	A primavera trouxe a chuva
92	Pudesse a tristeza/ 4 de outubro
93	Depois de anos estudando / 7 de outubro
94	Hoje eu olhei por muito tempo / 9 de outubro
95	Na manhã da primeira noite
96	Sonho que estou dentro de um casulo / 12 de outubro
97	O dia que estalou que não éramos pra sempre / 19 de outubro
98	Papai me levava pra escola cantando / 21 de outubro
99	Sou uma concha
100	Razão nenhuma
101	Quem dera todas as metamorfoses / 23 de outubro
102	Às vezes me parece inacreditável / 27 de outubro
104	Justo pra mim
105	O Heidegger foi apaixonado / 31 de outubro
106	Quando você me telefonou eu não podia / 8 de novembro
107	O que será que você está fazendo / sexta-feira
108	Despe-te das línguas ao se aproximar de mim / terça-feira
109	O dia seguinte de te ver enfim é feito / quinta-feira
110	Sempre é tempo de ler Freud / 15 de novembro
112	O algoritmo pôs pra tocar / 23 de novembro
113	Não para de chover tá fazendo um tempo / 26 de novembro
114	Um poema pede / 29 de novembro
117	Acabou de acabar o ritual de ayahuasca
118	Nada simples viver uma vida
119	Mais do que fazer — viver como as plantas / 4 de dezembro

120	Ter a memória clara / 9 de dezembro
121	As coisas se estabelecem para o sol / 12 de dezembro
122	A nossa senhora da migalha sou eu
123	A médica chinesa me disse / 13 de dezembro
124	É certo – dezembro. Chegamos / 15 de dezembro
127	Sou exagerada
128	Noite de Natal / 24 de dezembro
129	O ano está acabando
130	Nunca pensei / 30 de dezembro
131	"Então manda meu abraço / 31 de dezembro
132	As montanhas se moveram de madrugada / 1 de janeiro
133	A noite de Ano-Novo / 3 de janeiro
134	Deve ser do espaço aberto do ano novo / 5 de janeiro
135	TUDO SEMPRE POR VIVER / 12 de janeiro
136	Que a beleza sobreviva
137	*Raramente penso em ti*
138	Usar depois de anos uma máquina de escrever / 18 de janeiro
139	Pequei de ter brotoejas de calor / 22 de janeiro
140	Sonho com um lugar que já não existe para eu escrever / 24 de janeiro
141	Começo o ano pensando num novo poema / 30 de janeiro
142	Eu morava numa vila que parecia algum lugar
143	Não vou te perguntar / 2 de fevereiro
144	Passei a tarde revisando o meu novo livro de poemas / 8 de fevereiro
145	Será que um dia os homens da lei / 14 de fevereiro
146	O meu nome como
147	Lembra? Eu te disse / 19 de fevereiro
148	Não sei se estou confusa ou / 26 de fevereiro
150	Quando a gente se encanta uma pessoa / 2 de março
151	Ainda assim no que me lembro / 3 de março
152	Pensei em medicinas, terapias e meditações / (dois dias atrás)
153	Quando criança na hora de deitar

Júlia de Carvalho Hansen nasceu em São Paulo, em 1984. Publicou, entre outros livros, *Alforria blues ou Poemas do destino do mar* (2013), *Seiva veneno ou fruto* (2016) e *Romã* (2019), pela Chão da Feira. Formada em letras pela Universidade de São Paulo (USP), é mestre em estudos literários pela Universidade Nova de Lisboa. É poeta e astróloga.

Dados Internacionais de Catalogação na Publicação (CIP) de acordo com ISBD

H249a
Hansen, Júlia de Carvalho
 Ano passado / Júlia de Carvalho Hansen
 São Paulo: Editora Nós, 2025
 160 pp.

Inclui índice.
ISBN: 978-65-85832-82-3

1. Literatura brasileira. 2. Poesia. I. Título.

2025-2330   CDD 869.1   CDU 821.134.3(81)-1

Elaborado por Odilio Hilario Moreira Junior, CRB-8/9949

Índices para catálogo sistemático:
1. Literatura brasileira: Poesia 869.1
2. Literatura brasileira: Poesia 821.134.3(81)-1

© Editora Nós, 2025
© Júlia de Carvalho Hansen, 2025

Direção editorial **Simone Paulino**
Editora-assistente **Mariana Correia Santos**
Assistente editorial **Gabriel Paulino**
Projeto gráfico **Bloco Gráfico**
Assistente de design **Stephanie Y. Shu**
Edição e preparação **Schneider Carpeggiani**
Revisão **Gabriel Paulino, Mariana Correia Santos**
Produção gráfica **Marina Ambrasas**
Assistente comercial **Ligia Carla de Oliveira**
Assistente administrativa **Camila Miranda Pereira**

Imagem de capa **Marcela Novaes**
Sonho/Avistamento, abril de 2024, 21 × 23cm
Guache acrílica sobre papel

Texto atualizado segundo o novo Acordo Ortográfico
da Língua Portuguesa

Fontes **Edita, Exposure**
Papel **Pólen Bold 90 g/m²**
Impressão **Piffer Print**

Todos os direitos desta edição reservados à Editora Nós

Rua Purpurina, 198, cj. 21
Vila Madalena, São Paulo, SP
CEP 05435-030
www.editoranos.com.br

destino

caminho que se altera
passo a passo
e firme nos espera
no espaço